고래등 기와집

이종경 시집

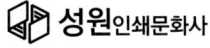
성원인쇄문화사

이종경 시집

고래등 기와집

인쇄 · 2025년 9월 24일
발행 · 2025년 9월 29일

지은이 · 이종경
펴낸이 · 홍명수
펴낸곳 · 성원인쇄문화사

강원특별자치도 강릉시 성덕포남로 188
출판등록 · 강릉2007-5
대표전화 · (033)652-6375
이메일 · 6526375@naver.com

ⓒ 이종경 2025
ISBN 979-11-92224-63-3

값 12,000원

※ 이 책의 저작권은 저자가 가지고 있습니다.
　저자와 출판사의 허락없이 책의 내용이나 표지를 인용하거나 복제할 수 없습니다.

_____ 에게

20 . . .

_____ 드림

시인의 말

바람의 풍경과 삶의 변주곡(變奏曲)

모름지기 삶의 황혼에 인생의 길을 여유롭게 만보(漫步)를 하면서 종종 음악을 취미로 외국 팝송이 좋아서 오선지에 편곡도 곁들이며 기타와 더불어 노래도 불러보는 한때나마 여유로운 삶의 일상이다. 또 그렇게 시낭송에 음조를 변주(變奏) 삼아 정신작업의 종사자인 시인과 때로는 신선한 예술 장르의 개척한 포에 라마인 공혜경 시인의 시낭송이나 피기춘 박사의 영성(靈性) 묻어나는 성시 낭송에 귀 기울이면 낭송가의 고유한 음성과 따뜻한 감성(感性)을 지닌 시인들의 인생 묘미가 자연현상에 맞물림을 묵언으로 응시한 끝에 한순간 자신의 서정시를 묶어낼 신선한 충동(衝動)에 절감할 수밖에 없다.

모처럼 시 낭송의 한 구절구절마다 마음에 높고 낮은 울림을 가져왔음도 그렇거니와 또 다른 시어를 생각 끝에 현대시 작법을 공부하며, 서정시와의 느끼는 감정과 이해력에 현대시와 차이점에 회의를 느끼면서 심취할 따름이다. 까닭에 다양한 시어들이 구도적 처리로 인해 시, 시조, 수필로도 변형되고 때로는 문화의 융·복합의 시간대에서 점차 시낭송도

되는 탓에 생활 일기장 같은 관심사(關心事)로 주의 집중하여 따뜻한 감성으로 한 구절씩 써 내려갔다.

  그와 같은 맥락에서 흐린 날에는 흐리게, 맑은 날에는 태양처럼 또 저녁이면 은밀하게 시를 쓰니까 끝내 수필 같은 시집이 되는 것을 절감할 따름이다. 까닭에 12년 동안 생각이 나면 가끔 쓰던 시편을 한데 모아서 여러 날 분류해 시집『고래등 기와집』에 아득한 수평선에서 '빨딱 고개 숨통 같은 여적(黎賊)을 자유로운 바람의 영혼이랄까? 현재『한국문인』의 편집 고문으로 늘 부족한 저에게 일깨움을 주는 엄창섭 교수님의 손길을 빌려 이처럼 담아 보기로 한다.

2025년 9월 가을 초입에. 저자 識.

차례

● 시인의 말

제1부
살아 있는 것은 모두 젖는다

12　살아 있는 것은 모두 젖는다
13　신선바위
14　나그네 골목길
15　도랑물의 변주곡(變奏曲)
16　배낭 보따리
17　바람의 풍경(風景)
18　산삼 타령조
19　적송(赤松)의 신비
20　해송(海松)의 절개
21　적송(赤松)의 젖 갈색
22　뿌리에 근력
23　세월 속 향수
24　동충하초
25　장작골 샘물 수증기
26　구름 나들이

차례

제2부
침묵으로 피는 꽃

28 　침묵으로 피는 꽃
29 　차가운 청춘
30 　담장의 둥지 마을
31 　어화(漁火)
32 　붉은빛 거리
33 　하늘 풍경화(風景畵)
34 　찬 이슬 저녁노을
35 　보랏빛 술시
36 　컬러(COLOR)
37 　그날 밤 그 자리 잔디 물들어
38 　새벽 4시 통금해제
39 　흘러간 잎새
40 　눈동자
41 　시월이 앉는 소리
42 　옛 기억

| 차례 |

제3부
고래등 기와집

44 고래등 기와집
45 주벅 잔
46 광동 약수 귀둔 길
47 눈망울
48 배신자 보릿고개
49 화진포 둘레길
50 몰래 꽃
51 12월의 하얀 밤
52 등대 앞에서
53 회상(回想)
54 얼음이 녹아서
55 외할아버지의 지게
56 외할머니의 정수리
57 아프리카 사변둥이
58 발걸음

차례

제4부
사변둥이

- 60 낙엽에 부친 편지
- 61 거품 파도와 유년 시절
- 62 사변둥이
- 63 거대한 산맥
- 64 칠공년 팔공년
- 65 늘 푸른 인간
- 66 풀과 사람
- 67 남한강 오석(烏石)
- 68 계절이 가고
- 69 가랑잎새 젖는 소리
- 70 작대기 일자 집
- 71 허공 같은 기억
- 72 하평의 장미길
- 73 죽도봉(竹島峰) 파도
- 74 습지 붕어길
- 75 초당호수길 배
- 76 칠성산에서

제 1부 ― 살아 있는 것은 모두 젖는다

살아 있는 것은 모두 젖는다

그렇게 젖는다. 모든 것이,
가을비에 공원 벤치를 서성이던 낙엽
그렇게 모두가 젖는다.

귀뚜라미 울음소리에 달빛 이마가 젖고
도시의 소외 된 바람에 뚜벅뚜벅 걷던
강물의 허벅지도 젖는다.

아버지의 헛웃음 소리에 파초 그늘의 아래
마냥 눈썹도 젖는다.

밤새도록 빈 골목 퍼 나르던
히말라야 나뭇가지 흔들리는 소리
불멸의 잠결로 곁에서 파랗게 젖는다.

휴대폰 없는 어머니가 사는 천상(天上),
그 하늘 생각에 하늘처럼 하늘 하게 젖고
가만히 가슴이 또 하얗게
살아 있는 것 모두 그렇게 젖는다.

신선바위

산중에 불쑥불쑥
흙을 받쳐 발 세우고
먼발치 바라보는 도인의 형상
바람이 또 햇볕이 저랬을까?

아무리 바라봐도 범상치 않다.
비록 돌(石)이라 하지만
형상(形狀)은 분명인걸.

바람도 물도 나무와 흙도
세월을 엮어 가며 이루고 싶은 소망,

사유(思惟)의 존재인 인간처럼
사람 닮은 형상으로 만물의 소원
마음은 허공에 두고
그 같이 형상은 인간의 그림자다.

나그네 골목길

하염없이 떠도는 나그네
누구의 나침판이냐?
못내 갈길 잃은
허공에 고동의 소리인가.

모래밭의 저 물새들
옹기종기 먹이로 배 채워 가고
물방개 떼 지어 원(圓) 그리며
또 그렇게 제집을 짓고 있다.

하늘빛 반짝거리며 어둠 낚아채고
가로등 켜져 가는 둑길에 앉아
그리움 하나 만지작거리고 있다.

도랑물의 변주곡(變奏曲)

찢은 공기 아득한 물안개길
그 실 도랑의 굽이 굽이를
버티다 뒹굴고 뒹굴 다 버티고.

어디서 제집 찾을까?
숨도 형상(形狀)도 없이
못내 흔들어 대는
넘치는 도랑물 소리.

솔바람 소리에 실 도랑의 파문(波紋)
바람 따라 빈 마음 밤잠 설쳐 가며
온밤 내내 이리저리 뒤척인다.

산천을 스치는 바람 소리에
속세 묵은 때 내려놓고
묵언으로 수행(修行)하라.
온밤 지새워 신호하는 산여울 소리.

배낭 보따리

아득한 물안개 지름길이다.
낮은 산 능선 길 돌고 돌아
새벽 모퉁이 길 홀로 지나쳐
짐보따리 풀어놓고 캠프에 앉자

담배 연기 쉼터에서 한숨 돌리고
잠시 뒤 캠프에서 기상하여
또 한나절 배낭 메고
황톳길 걸으며 한 고개를 넘는다.

바람의 풍경

이슬 촉촉이 묻은 새벽 날개 붙들고
스치는 한 올 바람 한 접시에도
살갗 하얀 나뭇가지 끝에
귀 잘린 시간의 빛깔 흔들린다.

영혼이 자유로운 바람의 질량을
홀로 반복하며 저울질하는
가을의 그 인질에서 풀려나와

또 다른 계절의 시작을 위한
휴식의 입동(入冬) 초하루
아직은 바람결에 나른한 오후다.

산삼 타령조

너였구나. 산중에 숨어있는 제왕,
아주 여린 풀 한 포기 네가 군주더냐?
세월 주름잡는 네 향기가 잔뿌리 날리면
잠자던 비바람도 태풍으로 바뀐다.

깊은 땅 심기 돋워 바위를 빨아 먹고
음지에서 햇살 받아 튼튼하게 곧추서는
바로 너였구나, 그렇게 너로구나.

산중 역사에 이름 하나 새기리라
형상을 매무시하며 모양 잡던
길 숲에 깊이 몸 숨긴 너였구나.

천년을 우려내어 속 깊은 열기 터뜨리면
세월의 주름살 이슬처럼 사라지더라.
아, 놀라워라. 생김새도 사람 같더니
끝내 영험(靈驗)해 천년을 젊게 하더라.

적송(赤松)의 신비

천년의 그 물안개가 자욱한
앞산 뒷산 두루 살펴봐도
장송(長松) 울울창창(鬱鬱蒼蒼)이다.
동틀 무렵 낙낙장송(落落長松)의
거대함에 가슴은 벅차오르고.

그 황혼(黃昏) 무렵 해안가의
해송(海松) 군락지에 날아드는
솔새 떼의 장관을 지켜보는
일몰의 풍경에 마음은 안식이다.

해송(海松)의 절개

푸른 이끼 겹겹이 싸고도는
해송의 무리는 일대 장관(壯觀)이다.
비록 심심산천은 아니어도
저토록 파고드는 해송 군락(群落)이다.

백두 대간 저 암반(巖盤)의 기슭에
줄지어 나란히 어깨동무하며
언제나 푸른 정력 잃지 아니하고
저토록 의연한 기상 보여주는
해송의 자태는 생명 외경(畏敬)이다.

적송의 젖 갈색

붉은 색깔 소나무의 대들보는
우리네 가족의 안식처(安息處)다.

그 어디에서도 역사의 꽃은
격랑의 세대를 지나쳐 피어나는
붉은 색조(色調)의 소나무다.

태고의 신비(神祕) 갖춘
저토록 온통 붉은 소나무
홀로 아득한 올곧은 기백(氣魄)은
천년만년 적송의 투혼(鬪魂)이다.

뿌리에 근력

겨울의 그 얼음장 밑에서
뿌리에 강인(强靭)한 힘을 실어
새 이파리 고개 드러내고.

바람 끊긴 허공의 잣대로
겨울 햇살도 잘라 먹고
저토록 기운찬 흙을 밟고
우뚝 일어선 자세 의연하다.

세월 속 향수

저토록 산모퉁이 휘돌아
퇴락(頹落)하는 계절의 낙엽,
잎은 떨어져 흙으로 돌아가는
자연의 이법(理法)은 놀라워라.

얼마나 고마운 이불 덮개일까?
동충하초도 내려와 기대어 잠들고
망대초(望臺草)처럼 기웃거리던
덧없이 흐르는 세월 잠시 접은 듯
한때나마 따가운 여름 열기 머금고
줄기로 뻗어 가을이 쌓여간다.

동충하초

겨울 찬 바람에
대지는 백설(白雪)에 덮이고
뿌리는 깊은 동면에 들다.

새싹 움트는 부푼 꿈,
몽환(夢幻)에 젖고 젖어
하늘 위로 기지개 힘차게 뻗으면
운기가 하늘 온통 덮는 기세다.
찬 바람에 겨울의 냉기 품은
다년생 풀 한 포기의 잎새,
동충하초의 반응(反應)은 경이롭다.

장작골 샘물 수증기

엄동설한에 순결한 흰 눈이 쌓인 대지
장작골 눈썰매 타며 수맥 찾아 오백 리
산 너머 골 안의 할머니 쉼터 자리에
하얀 수증기 입김처럼 피어오르고.

샘물 굴뚝에 호수를 연결하고
물기둥은 산과 골 넘어 하늘 끝,
스텐드의 물탱크 창고 가득 넘쳐
온 동네 가득 웃음잔치다.

산 메아리도 물기둥 노랫소리에 아득한 유년의 그 초가집
긴 머리 풀어헤친 굴뚝 연기보다
엄마의 가마솥 입김처럼
더없이 정겨워 못내 눈물이다.

구름 나들이

서쪽 하늘 순백의 구름은
산정(山頂) 날아오른 바람에
마치 산여울 따라 춤추듯
한 폭(幅)의 수채화를 그린다.

동쪽 하늘엔 가득 뭉게구름
저토록 서산 헤매다 황혼(黃昏)에
하늘 맞닿은 수평선 너머로
아직 끝남을 모를 술래놀이 시작한다.

바람에 밀리는 하얀 구름은
뭉게뭉게 하늘 가득 피어 흐르고
마냥 너울너울 춤추는 파도와
낄낄거리며 정겹게 어울리네요.

제 2 부 ── 침묵으로 피는 꽃

침묵으로 피는 꽃

입을 닫고 천 개의 귀만 가지고 살아
누가 마음속에 살아온 색깔이
무엇이냐 물으면 파란 갈탄이라 말하리라.

눈에 눈물 얼마만큼 고여 있느냐 물으면
마른강 하나 흐른다고 말할 것이다.

날카로운 각(角) 감춘 양철 같은 몸이라
또 누군가 그렇게 혹은 말할지언정
이미 풍상에 닮은 둥근 몸이라고 말하리다.

누군가 묻는다면 '침묵으로 피는 꽃이다.'
또 물으면 조용한 염화미소(拈花微笑)로
'침묵의 꽃으로 피어나는 중이다.'라고.

차가운 청춘

세월은 추억 하나 남기는데
가슴 시리도록 떠난 사람
그 자리는 얼음처럼 차갑다.

날(刃) 푸른 파도 출렁일 때마다
목이 쉬도록 부르다 부르다
깊은 절망에서 건져 올린
피 멍든 노을이다.

산달의 산모(産母)만큼이나
나의 부푼 그리움을
아, 그대는 정녕 아는가?

오래된 낡은 시간만큼
너덜너덜 닳아 버린 침묵을.
부끄러운 홍조(紅潮)의 가을 청춘
밤새 남기고 떠난 사람 아는가?

담장의 둥지 마을

용 머리 남녘의 그 산 너머
푸른 띠 감아 돌고 돌아
저 백두 대간(大幹)의 둥지 평야
가마솥 명당자리 돌담길이다.

뜨네기 짱돌들이 쌓여
푸른 돌 잇기 짙은 담장이
아담스럽게 도배질하였네.

고갯길에 가쁜 숨 몰아쉬며
아직은 야호, 야호다.

훤히 열려 보이는 둥지길
대관령 굽이굽이 핸들 꺾는소리
태양과 그늘 만나는 둥지 마을 휴식처.

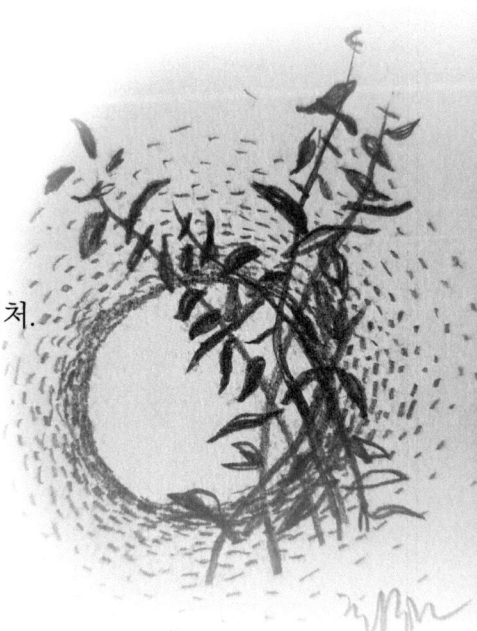

어화(漁火)

네온사인 환한 도시의 거리
저녁 바다 찬란하게 가로등 불빛
수백 리 먼 하늘 맞닿은 수평선 아득하고
어화(漁火)는 파도에 어지럽게 흔들린다.

푸른 밤바다 가로등의 불빛
반짝이는 어화의 눈부심이다.

희미하게 여명(黎明)이 고개 들면
활기찬 새벽 시장은 왁자지껄
그 생명의 충동감(衝動感)에
산 오징어 떠리하고 돌아가는
그물 선장의 발걸음은 빠른 템포다.

붉은빛 거리

새벽녘의 창가에 커팅이 열리며
붉은 색조의 거리는 부산하다.
하늘도 빨간 옷 걸치고
목도리도 빨간 옷 갈아입는다.

한 층계 한 층계 계단을 내려가니
출입문 가의 잔디가 어느덧
빨간색 꽃으로 씨를 맺고.

넓은 잔디밭의 길도 더 이상의
경사각 있는 고갯길 아니지만
내리막길 조심조심 신호등 따라 걷는다.

하늘 풍경화(風景畵)

자욱한 물안개가 어깨동무하고
이른 아침 내내 풀무질한다.
한순간 긴 머리의 실안개는
초가집 기와집 노루 산양 집
웅장한 백두 능선에 갈 앉는다.

안개는 먼 산의 준령(峻嶺)을 따라
아이러니하게 변화무상하다.

새벽 안개는 내 마음에 풍경화
가려진 한 폭(幅)의 병풍(屛風)인 듯
또 그렇게 한순간 안개구름으로
하늘에 기이(奇異)한 변형을 시도한다.

찬 이슬 저녁노을

찢은 가을은 허공의 공기도 증류수다.
마음에 찬 서리 내려도
기러기 떼도 하늘의 길을
길게 넓게 자유로이 비행 중이다.

달님도 정감(情感) 어린 눈빛 주고
마음 고행길 매년 가을이 되면
산행 기도길에 하늘을 응시한다.

태산 같은 용기는 이제 나이에 막혀
눈 비비면서 홀로 산책길 나서면
청소차 노랫가락에 또 하루가 시작되고
들녘의 찬 바람에 갈댓잎 소리 묻어난다.

보랏빛 술시

꿈꾸는 동쪽 오시에 구름 떼를
쳐다보다 꿈에서 잠 타령하고
배의 멀미로 잠 설쳐 피곤한 일상이다.

우주(宇宙) 가득 구름 떼들이
긴 머릿결의 바람에 밀려나
산의 정상(頂上)에 머물다 일순간
이리저리 흩어져 시야에서 사라지고.

숨소리 낮춰 가며 흘린 시간은
땅 꺼미가 짙게 몰려들기 전
고향 향하는 발길은 총총이다.

컬러(Color)

마음 깊은 곳에 컬러가 있다.
흰 눈이 내리는 인도나 화단 길에
분홍색 열매가 말라 있다.

사각의 빌딩 숲 공해 탓일까?
소음과 매연 때문일까?

저 열매 꽃도 눈으로 대화 나누고
눈으로 꿈을 꾸며 고독을 체감하며
때로는 정한(情恨)의 눈빛이다.

그 날밤 그 자리 잔디 물들어

환하게 빛나는 이마 사이로
내리 비취는 보름달 가슴이다.

애원하는 음성에 천년의 메아리
둥근 달빛 전혀 감지(感知) 못하고
그 날밤 잔디 물만 그렇게 탓하네.

짐짓 똑같은 그 자리
똑같은 그 순간
또 똑같은 그 소리다.
젖은 마음 포송포송 말려 주지 못해
달빛에 젖은 그 얼굴은 못내 애처롭다.

그 날밤 그 자리 제방 둑길에 앉아서
파란 잔디 물만 흠뻑 젖은 가슴에
아련한 삶의 여적(餘滴)에
방울방울 눈물로 고여 있다.

새벽 4시 통금해제

깊은 밤 11시 30분 사이렌 소리
요란하게 울려 퍼진다.

포장마차 소맥에 취한 취객
아직도 흥에 겨운 다방 아가씨
사이렌 소리에 놀란 분위기다.

미니스커트 종종걸음에 비틀비틀
빼죽 구두의 걸음걸이 흔들흔들
글라스의 술맛은 혼비백산이다.

통행 금지 사이렌 소리야 울지마라.
네가 울면 어둠도 화들짝 놀라
한밤중 악몽(惡夢)에 놀라 깨어난다.

통금해제 오전 4시 사이렌 소리
즐거운 겨울 야밤 포장마차 소맥 축제
송두리째 사라진 그 세대의 삽화(揷話)다.

흘러간 잎새

순정(純情)에 낙서만 남기고 떠난
한겨울 매서움의 바람이다.
지금 향방을 잃어 찾을 길 없다.

정한(情恨) 깊이 새겨진 은행나무 밑
그 인연(因緣)의 질긴 끈,
잠시 그늘에 등 기대어 앉으면
옛 정취(情趣) 사라져 가고.

눈동자

못내 외롭게 보일듯하여
불 꺼진 골목길의 창문 앞
바람 끊긴 적막한 밤
문 두드리는 소리 아련하다.

혼자 걷기엔 아직 너무도
좁은 골목길 분명하여도
그대와 걷기에 넓은 길인
그 까닭 정녕 모를 일이다.

달그림자 밟는 발걸음 걸음마다
그리운 눈동자 아른거리고
추억의 눈부심에 투명한 눈물.

시월이 앉는 소리

팔월이 앉는 소리에 구월이 배가 고파
구월이 앉는 소리에 시월이 일어나고
시월이 가는 소리에 십일월이 기상하여
십이월 앉는 소리에 정월 보름달 끌어안는다.

팔월에 핀 꽃 구월에 여물어
구월에 여문 열매 시월에 시식하고
시월에 맺은 열매가 십일월에 얼어서
십이월에 앉은 열매가 정월 보름에
얼음판에서 고개 쳐들고 피워 오른다.

옛 기억

조락(凋落)의 계절에 마른 잎사귀
나뭇가지의 잎사귀 흔들흔들 떨어져
만지고 싶어도 잡히지 않는 잎사귀다.

나뭇가지 비록 흔들거릴지라도
나뭇잎 만질 수 없는 까닭은 모를 일.
옛 기억 하나 떠올리면 벌써 서산에는
불타는 태양, 그림 같은 형상(形像)이다.

제3부

고래등 기와집

고래등 기와집

오동나무 잎 비바람에 흔들릴 때처럼
음조(音調)도 가늠하는 고래등 기와집이다.

밟아도 다시 일어나는 두꺼비 껍질처럼
열두 시 정오 비켜서는 시계 초침에
불현듯 손님 또한 반긴다.

비록 낙엽 지는 날 체형은 작아지고
허리는 휘청휘청 흔들릴지라도
늙은 스님이 남기고 간 발자국 여운(餘韻)
가끔 바람도 일지 않은 초원의 고요다.

너무 적조(寂照)해 고요가 고요 집어삼켜
흔들리다 서서히 머리끝이 반응한다.

목어(木魚) 소리에도 세상 이치 알 것 같아
비록 우주 가득히 고요로 넘쳐나고
고래등 기와집 앞마당은 나눔과 배려의
신화 같은 전설이 출렁출렁 넘쳐난다.

주벅 잔

만날 사람 기다리는 남은 술잔에
그의 소식 몰라 네 형상 헐렁하다.

발길 묶어 놓고 가버린
골목길의 누룩 술 목로주점,
비탈길 넘어졌다 다시 걷는
추억의 논두렁 길 못내 느껍다.

좁다란 황톳길 그 추억의 논길
구불구불 구정길의 논두렁
긴 산 그림자 누운 응달길 따라

기억에 자리한 막걸리 누룩 길,
누룩 술에 취해 붉어진 얼굴로
걷는 길 붉게 타는 노을이다.

아흐, 왕 고개의 누룩 술
옛 정취(情趣)의 소나무 길이다.

광동 약수 귀둔면

아침 5시에 기상하여
20대 나이 한계령 출근길,
굽이굽이 물안개 현현(玄玄)하고
대청봉 한계령의 울산 바윗길이다.

잠시 물 한 모금 넘기고
인제군 귀둔면 산자락에 동이 트고
그 시간 예외 없는 전화 통화다.
일상의 출근길 수험생 아들을 위해
기도하는 부모의 절박함(切迫感)이다.

서쪽은 한양이요, 동쪽은 동해다.
큰 산도 낮은 바다도 크게 하품하고
제주는 한라봉 강원은 설악의 대청봉
광동 약수터에서 목을 축인다.

눈망울

눈감아도 기억은 새롭다,
모두가 깨끗한 도인이라고 일컫던
72세 외사촌 형님의 그 눈망울.

억울한 누명 끝에 가버린 사촌 형
하얀 달빛처럼 지극선(至極善)의 눈빛,
반세기의 암울(暗鬱)한 정신병동과
침대 생활 52년의 하얀 천사 이불이다.

말없이 허기(虛飢)도 상처도 다 잊고
깨끗이 마무리 끝에 떠나간 8월 20일,
유신구둣발에 차이고 차여 뉘진 탕
동대문구 이문동 철길 자취방이다.

서울 가 공부해 박사 되겠다던 외사촌 형님,
유신 데모에 구둣발에 밟혀 찢기어
심장 뜨거운 육체는 깊은 상처와
정신병자로 불행하게 전락(顚落)되어
유신(惟新)의 피해자로 한(恨)을 남기고
하늘로 날아올라 끝내 소천하였지.

배신자 보릿고개

마당 뜰에 문화재급
기와 장 만여 개가 고스란히
좋은 팔자로 생겨났다.
주위의 모두가 탐스럽게 지켜보는
고래등 대궐의 마당 터다.

어려운 친인척에게 쌀 퍼주고
배 굶주려 배고프지 않게
그렇게 베풀며 살아온 외할머니다.

그 은혜 전혀 모르는 친인척은
하이에나의 이빨처럼 흩어져
전답(田畓)은 온통 쓰레기장이다.

세월에 실려 살아온 삶의 무게만큼
이 세대의 배은망덕한 친인척들,
하나같이 길가에서 만나면 서로 간
고개 떨구며 묵묵 무대 답인 정황이다.
혹여 유년의 보릿고개 추억 떠올리면
못내 마음 깊은 곳 싸늘한 바람이다.

화진포 둘레길

청송산의 오솔길 오르고 지나서
영(領) 넘어 춘천에서 오는 길
가끔은 진부령(珍富嶺) 거쳐
화진포(花津浦)에도 들렀다.

산꼭대기 이승만·이기붕 별장 관람 후
횟집에서 한잔하면 얼굴은 태양초였지.
아, 화진포 수평선 그 너머로 아득한
통일 염원하며 파도랑 함께 즐겼지.

도시의 일상 풀어 놓고 발걸음 재촉하고
건봉사, 적멸보궁 관세음 석가모니
대웅전의 청아한 목어(木魚) 소리 들으면
한순간 꿈결인 듯 평상심을 회복한다.

큰 스님 만나 보살행 넌지시 일깨우며
무겁게 털어낼 마음의 짐 풀어
몽땅 보시하자 일체유심조(一切唯心造)다.

몰래 꽃

혹여 그 누가 무슨 사연(事緣)이 남아
타자 몰래 피고 지는 꽃을
태양의 음지 꽃이라고 불렀을까?

긴 밤을 홀로 지새워 피어나는
마른 가슴에 그 누가 마른 꽃잎에
이슬 한 방울 또르르 굴려 놓았을까?
정말 모를 일이다.

굳이 동종선근설(同種善根說) 아니어도
인연(因緣)의 매듭인 나와 너,
슬픈 전설의 '며느리밥풀꽃' 아니어도
'몰래 꽃'은 사연 있는 매혹(魅惑)이다.

12월의 하얀 밤

바람도 끊긴 동지섣달의 그 긴 밤에
당신 처음 달랬던 무지개 색조의 연정,
아직도 가슴 출렁이던 추억의 부끄럼이다.

당신의 밝은 미소가 동트는 새벽 햇살 같고
비바람 불어도 방패 막 같은 믿음에
그토록 심장 뛰는 행복한 시간이었지.

어젯밤 친구들과 헤어지는 순간,
반짝이는 밤별도 헤어짐을 안쓰러워하듯
젊음은 불끈 묻어나 인연의 매듭을 조이고
마구 전진하는 무리 꾼 좋은 친구들
달빛 별빛만 둥굴게 둥굴게
저마다의 가슴에 와락 끌어안았다.

등대 앞에서

밤하늘 밝힐 등대가 등불처럼
또 한편 그 등불이 등대처럼,
우두커니 빨간 우체통처럼
혼자 외롭게 방파제 끝에 서 있다.

어린 손자는 파도가 하얗게 밀려오자
좋아라고 작은 손으로 손뼉을 친다.

하얀 파도의 거품이 일어 밀리고
둥실둥실 방파제 끝의 등대 밑
파도는 일순간 빨간 색조로 변형된다.

회상(回想)

넓은 운동장의 오랜 느티나무
그늘에서 술래잡기 맴돌던 시절,
언젠가 가을 운동회 연습 날
일렬 줄서기가 틀렸다고
담임 선생님께 꾸중을 들었지.

사정없이 꾸짖는 호루라기 선생님!
친구가 허기져 무서운 건지
또는 배가 고픈 탓인지 운동장 땅바닥에
기진맥진한 체 펄쩍 넘어졌다.

그렇게 가을 운동회 연습하는 날은
어린 우리는 온몸과 마음 멍들고
선생님 회초리 무서워 말도 더듬었다.

60년대 가을 운동회 기억을 회상하면,
선생님의 음성과 회초리가 무서웠던 탓에
지금도 가끔 호루라기 소리만 들려도
겁많은 친구들은 전율감(戰慄感)이다.

얼음이 녹아서

생명의 봄날은 너무 좋아라.
빨리 떠나가는 겨울을 응시하노라면
창가의 햇살은 금화처럼 반짝이고
베란다 다육과 도란도란 대화 중이다.

모처럼 아파트 제방 길 한나절 워킹 중에
수양버들 푸른 가지 끝 꽃망울 보니
남대천 물 구비 길의 아지랑이도
또 그렇게 힐링 워킹 땀 흘리며 걷는다.

외할아버지 지게

초가을 볏단을 광쟁이 골 산의
소나무 가지에 거꾸로 매달고
콩 깻잎 두드리는 허기진 소리다.

하얀 고무신 끌며 발바닥 닿는 소리에
바수 가리 볏단에 고구마 순(筍) 젊어지고
외할아버지 굽은 허리 펴지지 않는다.

월동 준비 중인 외할아버지 등가죽
흘려보낸 세월의 연륜(年輪)만큼이나
선산의 아카시아도 잘라서 지게에 지고
아궁이 불 지피니 아랫목 따뜻한 겨울밤이다.

사랑방에서 마른침 뱉어 가며
곶감 줄을 층층이 매달아 놓고서도
새끼줄 비비며 멍석 깔고 가마니를 만든 솜씨
허리 펴지 못한 외할아버지 삶의 일상은
늘 그렇게 꼬부랑 허리 꼬부랑길이다.

외할머니의 정수리

새벽종이 울리는 새마을 종소리다.
쓰레기 연탄재 버리는 소리에
일제히 소·돼지·닭·강아지도 눈 비비고
모이 달라는 저마다의 추임새다.

어린 손자, 손녀도 꿈속에서 비몽사몽
외할머니는 만물이 깨어나는 시간에
몸을 추스려 하루의 일과 빠르게 반복한다.

헛간에서 삽·괭이 들고 나간 일꾼들
아재 머리 외할머니 정수리에
만수 성찬 함지에 아침밥 담아 이고
가까운 전답(田畓)으로 줄행랑이다.

예부터 일꾼들을 배불리 먹여야만
올해 농사 풍년든다는 외할머니 말씀이다.
새벽 논두렁 길은 버거운 산책길이다
외할머니 정수리 위에는 항상
나눔의 따뜻한 밥은 머리와의 맞물림이다.

아프리카 사변둥이

호랑이띠로 태어나 밀가루 48공 신세
미국 밀가루. 우유 배급받던 오십년 육십년대
마을마다 연탄재를 발로 차던
연탄가스에 취해 앞 잇빨 다 뿌러졌네.

농자는 천하지 대본 민주 능선 고지에 올라
보리쌀 대신 밀가루 모주(母酒)에 취해
잠에서 깨어나 보니 학교 교무실

산업기술 배우고자 서울 가버린 선배 형
빈 허리만 졸라매다 빈혈증으로 쓸어졌다.
5공 6공 세대는 보리쌀 대신
라면 곱빼기 끼니 배때기 채우다 보니
뱃살 두둑하고 혈압 혈당만 높아진 신세다.

암울한 시대 탄생한 오십 년 사변둥이
쌩 고생한 세월 털어 내고 나니
삶의 무게가 한없이 서럽다.

발걸음

만추(晚秋)의 석양이 지기 전에
서녘 노을 길동무 삼아
논두렁 밭두렁 콩잎 따서
어깨에 걸방 메고 허둥지둥이다.

고래 등 기와집
굴뚝 연기 냄새
저녁 밥상이 장작불
너머로 가물가물 춤추며
안방 구들장 따뜻하게 내려놓고.

제 4 부

낙엽에 부친 편지

낙엽에 부친 편지

낙엽 쌓이는 길목에도
바람길이 생겨나고.
낙엽 밟고 가는 길
짐짓 그 걸음마다
빨간 외투 걸친 처녀 낙엽길이다.

낙엽으로 써 놓은 글씨
서서히 그리움은 홍조(紅潮)로 물들어가고.
비바람이 스치고 사라지고
낙엽이 쌓이고 사라지고
모퉁이에 고즈넉한 빨간 우체통.

거품 파도와 어린 시절

파도가 밀려와 스민 백사장
푸른 물결 출렁일 때마다
손자는 거품 물 보고 목욕탕에 왔다고
머리를 감고 헤엄친다.
야호, 야호 토해내는 환호성이다.

하얀 모래밭
또 저토록 하얀 거품 밭
온통 푸른 초원(草原)이다.

어느새 기와집에 빌딩을 짓고
섬나라 모래성의 아파트다.

등대 사이로 마르나 요트,
하얀 깃 폭은 바람에 펄럭이고,
노을과 파도와 함께 즐기며
어화(漁火)에 낚싯대 던진 풍경 보고
어린 손자는 손뼉 치며 즐거워할 따름이다.
오후 한나절 뭉게구름 피어오른 바다.

사변 둥이

동기생 사변 둥이 친구들
어려서 조부모 밑에서
불우한 시대를 흘려보내며
철없고 배고프던 시절에 눈물겨웠지.

저녁(亥時)부터 인시(寅時)까지
통행 금지 겪고 살아온 40년 세월,
지천명인 이순(耳順) 거쳐서
고희(古稀), 또 희수(喜壽) 지나고 나니
생로병사(生老病死)도 일순간 지나쳐
여덟 팔자 팔순(八旬)에 이르렀다.

지나친 세월 헤아려 보니
통행 금지는 애환(哀歡)의 역사,
또 그 같은 한 줌 추억의 세월이다.

거대한 산맥

지게꾼이 가파른 산을 오른다.
숲을 헤치고 골바람 소리에
한숨을 또 저렇게 쉬쉬 몰아쉬며
나무뿌리가 강한 힘을 당긴다.

산여울 소리에 갈증이 더해와
물에 목을 적시며 발 벗고
물 맛사지에 종아리 터질라.

큰 산맥의 깊은 계곡(溪谷)
물 입김은 더없이 차가운데,
투명한 수면 위로 나뭇잎 둥둥
아, 흘려버린 세월 뒤 잊혀진
오랜 옛친구의 문안 전해 주려나.

칠공년 팔공년

개구리 무늬의 예비군복 입고
훈련 가는 날은 언제나 즐거웠지.

여성은 배꼽 수술이지만,
남자는 불알을 까며는
예비군 훈련면제란다.

칠 팔공 년은 왜 몰랐을까?
인간이 자원이고 식량인 것을
인구 없고 후세 없는 공간은
미래가 없는 암울(暗鬱)한 처소다.

이제야 지혜로운 삶의 잠언(箴言)은
진정 뒤늦은 아쉬움 남지만,
인구 증가는 경제부국의 장터다.

늘 푸른 인간

늘 푸른 숲의 청량(淸凉)한 여울 못이다.
마음 평안하게 하면 맑은 기운에
몸과 마음은 수행자(修行者)의 일상이다.

숲은 자연이 현상학에 의해
빚어져 형성된 품격의 본질이다.

천년의 숲은 거대한 생명으로
만상(萬象)을 품에 끌어 안고
사계절 포용하는 의식(儀式)을 치른다.

풀과 사람

비록 잡초일지라도 서로에게 자연이 되고
푸른 잔디의 끝없는 운집(雲集) 속에서
서로에게 힘이 되는 끈질긴 생명이다.

혹여 풀잎이 너무 거세게
생명력을 지나치게 뻗다 보면
서로의 성장에 해(害)가 되는 이치,
날아드는 새들의 둥지.

그렇다. 거미도, 개미도 아닌
꿀벌 같은 보람찬 인생을 살아야 하듯
잡풀과 숲은 자연보호 캠페인,
지구는 인간(人間)의 생명 줄이다.

남한강 오석(烏石)

안개 자욱한 남한강 자갈밭에
포크레인의 발자국 찾아서 다닌다.

저 멀리 물길은 쉼 없이 흐르고
도로를 오석(烏石) 돌길로
멋지게 볼거리로 조성해 놓았다.

돌 배낭을 어깨에 메고
이리 비틀 저리 흔들리며
미석과 괴석(怪石)의 호감에 이끌려
검게 푸르게 은빛 색조(色調)는
저토록 눈부시게 강가로 유인한다.

미석을 찾아 이리저리 뒹굴다가
흐르는 강물 소리에 취한 일순간,
서녘 황혼(黃昏)은 피곤한 나를 이끌고
돌 배낭 짊어지고 엉금엉금
집 마당 뜰로 하루를 끝낸다.

계절이 가고

이른 봄, 초록 새싹 움켜잡고
긴 여정을 인내한 끝에
고개 내미는 새싹의 머리다.

작은 골짜기의 여울 몫에
바위 틈새로 구르는 물소리
일순 풍금 소리 맞춰 작곡가가 된다.

낮은 산자락에 하얀 서리가
산에는 앙상한 나뭇가지에
여울엔 맑은 물 흐르는 소리.
산새들도 떼 지어 날면서
낮은 산자락에 사뿐 내려앉는다.

가랑 잎새 젖는 소리

가랑비 오는 소리에도
뒷굼치 촉촉이 젖고
또 가랑비 가는 소리에
구두 밑이 젖는다.

차창에 가랑비 부딪치는 소리
감기는 두 눈을 비비면
가랑비에 살포시 젖은 가슴
입김 몰아 바람으로 날려 보낸다.

가랑비 오는 오전에 가랑잎 깔려
오후 길에는 가랑비 사이로
자유로이 비상하는 비둘기 두 쌍.

작대기 일자 집

저 아파트 침대가
얼마나 높기에
하늘을 가리키며
행글 라이드 보다 높을까?

뭉게구름, 둥실 구름이
세상살이 아득한 허공에
사랑도 추억도 지워졌지만,
빌딩 그림자 먼 산봉우리
도시의 나무 전봇대 숲 덮고 있다.

허공 같은 기억

벗이여 높고
못내 작은 길마저
자취를 감춘 길이다.

무심코 님의 그 노래를
곰곰이 기억에 떠올린 끝에
홀로 추억의 노래 흥겹게
바람도 끊긴 적막한 밤,
환상(幻想) 같은 노래 불러요.

하평의 장미길

논두렁 인도의 그물망이다.
시야 가리는 해무(海霧) 자욱하다.

하평 뜰은 해무 묻은 바람에
논두렁의 검은 비닐 물 흐르듯
논두렁 일대는 장미의 꽃길,
한순간 화려한 꽃과 그 향기에
못내 눈길은 호사스럽다.

산책 중에도 격(格)에 맞지 않는
다소 불편한 황사(黃砂) 마스크,
하평길의 해무 샛바람은
장미꽃 가시보다 더 따갑다.

죽도봉(竹島峰) 파도

남항진(南港津) 앞바다 뛰어서
십리길 죽도봉의 파도 치는 외줄 타기
로프 체험(體驗)의 젊은 몸체다.

다이빙 죽도봉. 아래는 출렁이는
파도가 손짓하고 저울질하고

머리 위 외줄 로프 타기
체험 스릴 만점, 외줄 타기 로프 체험은
유격대의 짜릿한 스타일의 스릴이다.

죽도봉 남향진의 앞바다가
묵언의 관망(觀望) 뒤 피식 웃고 있다.

습지 붕어 길

고부랑 산 넘어 길은
모래성의 해파랑길이다.
갈매기 먹이를 주는 동그라미 길.

석양 비치는 어느 데트라 포트 사이로
낚시 그물이 휘어지고 있다.
얼마를 버터야 가마솥이 끓을까?
얼마를 출렁거려야 잔잔해질까?

오랜 세월 가꿔온 자연 습지는
저녁 붕어가 꼬리치며 천년,
또 만년 그렇게 살자는 약속의
교신(交信)을 발신한다.

초당호수길 배

댓골집 앞마당이 넓은 호수 바다요
해무호수 물 안개가 이슬비를 가득 앉고
난설헌 본가 행낭채로 들어온다.

새벽안개 눈 비비며 성난머슴들이 쌀가마 매고
책만권 싣고 선교장 누각에서 배를 저어
안초당 호수길로 들어오네

강문포구 바닷가 항구 새벽장이 꽁치 오징어
아낫네 정수리 함지 그릇에 잔뜩채워 머리에 이고
초당마을 소나무 뜰 소리치며 노래 부르네

어려서 이십리길 초당길 어이재를 넘어 허균 난설헌
오누위가 뛰어 놀던 솔밭터
댓골집 친구찾아 코흘리게 여러 친구들 어울려
소풍을 자주 왔지요
안초당 솔밭 장솔그늘 옛 선비들 풍유시
글소리 시조창 소리에 후학 인재들이 소나무
높은키처럼 인재가 많이 자랐네

칠성산에서

새벽이 동트는 동서쪽 대관령을 쳐다보니
새벽뭉개구름 산 안개 칠부능선에 천천히
그림자처럼 가라 앉네

오늘도 비가 내리려나 한양길 돌아올대
굽이굽이 아흔구비길 어지럽게 흔들리네

대관령 칠부능선에서 강릉동해를 내려다 보니
월호평야 벼이삭들이 누렇게 따스한
마음을 안겨주네

동해바다 경포대 호수 잔잔히 숨죽이고
뭉게안개구름과 짝을지어 물그림자를
그리네

이종경 시집 평설 —— 관조적 삶과 그 일상의 동일화

◆ 이종경 시집 평설

관조적 삶과 그 일상의 동일화
이종경 시인의 시적 교감과 식물성 언어

엄 창 섭
(가톨릭관동대 명예교수, 「詩歌 흐르는 서울」고문)

❶ 생명적 기표와 따뜻한 감응의 맞물림

일반적으로 21세기 '문화콘텐츠 시대'의 필독서로 꼽히는 『각색 이론의 모든 것』의 저자 프랑스의 린다 히치언(L. Hutcheon)의 "낭만주의가 패러디를 '기생물'로 거부하는 것은 예술을 개인의 소유물로 보는 자본주의 윤리관의 성장을 반영한 것이다."라는 역설은 마르크스적인 논리의 대변이다. 까닭에 「관조적 삶과 그 일상의 동일화 – 이종경 시인의 시적 교감과 식물성 언어」로 결부 맺은 그 자신의 첫 시집 간행은 비교적 푸른 식물성 언어로 직조된 전율 같은 가슴 떨림과 동질성을 지닌 기억 뒤편의 잊은 감동에서 생산된 '행복한 언어의 집짓기'로 못내 뜻깊은 편이다.

모름지기 무한경쟁으로 치닫는 비정한 지식·정보화 사회에서 대다수 정신작업의 종사자가 이해 중심으로 얽혀 있기에, 영혼과 가슴에 감동의 회복을 위한 순수의 눈물이 메마른 현상은 안타까운 심사(心事)다. 모처럼 시집 평설에 앞서 '우리의 소중한 삶에서 때로는 누군가를 만난다는 것이 운명적이듯', 현재 『한국문인』의 편집 고문이고 한국 시낭송에도 깊이 기여한 평자와의 관계성도 그렇거니와 10여 년 남짓 고뇌하던 끝에 첫 시집 『고래등 기와집』(성원출판사, 2025)을 출간하는 '천년의 시향(詩鄕)'인 강릉출생의 이종경(李鍾庚, 가브리엘) 시인은, 2014년 『한국문인』 시 부문 등단으로 현재 강릉시낭송연합회 회장과 관동문학회 이사이며 「한국어사랑 세계시낭송대회」에서 대상 수상의 경력을 지닌 시낭송가다.

특히 그 시집의 서문 격(格)인 「시인의 말」 (바람의 풍경과 삶의 變奏曲)에서 "그와 같은 맥락에서 흐린 날에는 흐리게, 맑은 날에는 태양처럼 또 저녁이면 은밀하게 시를 쓰니까 끝내 수필 같은 시집이 되는 것을 절감할 따름이다. 까닭에 12년 동안 생각이 나면 가끔 쓰던 시편을 한데 모아서 여러 날 분류해 시집 『고래등 기와집』에 아득한 수평선에서 '빨딱 고개 숨통 같은 여적(黎賊)을 자유로운 바람의 영혼이랄까?"라며 합리적 해법으로 풀어낸 그 자신의 존재감은 더없이 빛난다. 한편 시집의 편집 구도는 기승전결(起承轉結)의 4단식으로 「제1부. 살아 있는 것은 모두 젖는다(15편), 제2부. 침묵으로 피는 꽃(15편), 제3부. 고래등 기와집(15편), 제4부. 사변둥이(15편)」로 총 60편이 결(結) 고운 옷감처럼 직조된 짐짓 신선한 동기부여다.

각론하고 신선한 감동과 충격을 불러 일깨우고 영혼의 상처를 다독이는 효능성을 지닌 시적 치유(治癒)의 가능성을 소통의 통로로 확정한 그 자신의 창조적 행위는, 성직자인 노먼 핀센트 빌(Norman Vincent Peale)의 "인간은 자기가 스스로 생각하는 그러한 자가 아니며, 생각 그 자체가 자신인 것이다."라는 지적처럼 또 하나의 차별성을 지닌 존재와의 맞물림이다. 까닭에 우리 현대 시단에서 비교적 서정시의 색채가 강한 그 자신에 견주어 시의 본질인 서정시야말로 우주와 자연, 그리고 인간의 성찰에 결부(結付)되기에 '시적 대상을 자기의 것으로 만들어 육화시키고, 자아의 내면 인식에 초점을 맞추되 사유(思惟)의 깊이를 생명감으로 처리하고 음악 정신을 본질적 속성으로 삼아 창조 정신에 주의 집중하여야 한다.'라는 점은 간과치 말아야 할 것이다.

까닭에 지나친 언희(pun)와 현란한 모자이크로 미적 퇴행을 거듭하는 답답한 한국 시단에 신선한 활력으로 막힌 숨통을 충동적으로 열어 보인 자유로운 시 형식에 수용된 시편은 서정성이 빛날뿐더러, 한겨울 혹한으로 얼어버린 정신기후마저 알맞게 조성시켜주는 역동성은 퇴색된 감동마저 회복시켜주기에 부족함이 없다. 일단 시 의미가 응축되고 비교적 호흡이 짧은 '귀뚜라미 울음소리에 달빛 이마가 젖고'라는 시적 분위기에 맞물린 "그렇게 젖는다. 모든 것이,/가을비에 공원 벤치를 서성이던 낙엽/그렇게 모두가 젖는다.(살아 있는 것은 모두 젖는다)"의 일면도 그렇거니와 "산천을 스치는 바람 소리에/속세 묵은 때 내려놓고/묵언으로 수행(修行)하라./온밤 지새워 신호하는 산여울 소리.(도랑물의 變奏曲)"에서 새삼 확증되는 분위기다.

어디까지나 격랑 속에서도 새 태양은 또다시 솟아오르지만, 또 그렇게 따뜻한 감성의 소유자인 그 자신이 '천년의 그 물안개가 자욱한 앞산 뒷산 두루 응시하는' 일상에서 "해송(海松) 군락지에 날아드는/솔새 떼의 장관을 지켜보는/일몰의 풍경에 마음은 안식이다.(赤松의 신비)"라는 개아(個我)의 일념도 놀랍거니와 지극히 호흡이 단조로운 "겨울의 그 얼음장 밑에서/뿌리에 강인(强靭)한 힘을 실어/새 이파리 고개 드러내고.(뿌리에 근력)"를 통한 강인한 생명감은 더없이 신선한 충격이다. 그 같은 맥락에서 '산정(山頂) 날아오른 바람에 마치 산여울 따라 춤추듯 한 폭(幅)의 수채화를 그려내는' 현상에 비춰 '아직 끝남을 모를 술래놀이 시작한다.'라는 그 자신의 아득한 유년의 꿈 자락 자리한 메르헨(Märchen)적인 천진무구(天眞無垢)한 시적 의미망은 끝내 "뭉게뭉게 하늘 가득 피어 흐르고/마냥 너울너울 춤추는 파도와/낄낄거리며 정겹게 어울리네요.(구름나들이)"에 합일되어 한낱의 번거로움도 말끔 씻겨준다.

❷ 결(結) 고운 언어 망과 현상학

어디까지나 최소한 따뜻한 감성의 소유자라면 맑은 투시력과 뜨거운 가슴을 지녀야 한다. 특정한 정신작업의 종사자가 그 자신의 감각적 시적 처리로 어떤 언어도 필요치 않은 언어도단(言語道斷)이거나 일체유심조(一切唯心造)의 심적 작용으로 인해서 절제된 정감은 즉물적 현상에 거슬림이 없어야 한다. 그 같은 동질성에서 '시 의식이 깨어있는 존재'로 일컬어도 지나치지 아니한 그 자신은, 매사에 헌신적이고 적극적인 맑은 심성(心性)의 소유자이기에 '적확한 언어 캐기 작업' 또한 따뜻한 감성을 충격적으로 일깨워주기에 맛깔스런 시적 묘미(妙味)는 지극히 합리적이다.

특히 따뜻한 감성의 소유자인 그 자신이 동시대의 누구보다 감정(感情)이 예민하여 시낭송을 즐겨 나직하게 읊조리는 삶의 일상일 것이나 또 누군가 묻는다면 "침묵으로 피는 꽃이다./또 물으면 조용한 염화미소(拈花微笑)로/침묵의 꽃으로 피어나는 중이다.(침묵으로 피는 꽃)"이라 말하는 일념(一念)도 각별할 것이나 그 자신이 분망한 삶의 일상에서도 '푸른 밤바다 가로등의 불빛 반짝이는 어화의 눈부심'을 헤아리면서도

"희미하게 여명(黎明)이 고개 들면/활기찬 새벽 시장은 왁자지껄/그 생명의 충동감(衝動感)에/산 오징어 떠리하고 돌아가는/그물 선장의 발걸음은 빠른 템포다.(漁火)"를 통해 따뜻한 시선으로 상관물의 응시는 다정다감한 삶의 편린(片鱗)이다.

그렇다. 반세기를 거슬려 각종 인위적인 제도로 온 국민이 극심한 고통에 처했던 5.16 군사혁명 당시를 떠올리면, 그 자신의 공포처럼 '한밤중 악몽(惡夢)에 놀라 깨어날 일임'에 마치 당대에 이 땅의 대표적 저항 시인인 초허(超虛) 김동명(金東鳴)의 『世代의 插話』도 새삼스레 기억될 것이나 "통금해제 오전 4시 사이렌 소리/즐거운 겨울 야밤 포장마차 소맥 축제/송두리째 사라진 그 세대의 삽화(插話)다. (새벽 4시 통금해제)" 또한 결코 잊고 지나칠 수 없는 아프고 슬픈 역사다. 까닭에 우리의 삶에서 흘려버린 시간인 '옛 기억'은 만지고 싶어도 잡히지 않는 잎사귀와 같기에 "나뭇잎 만질 수 없는 까닭 모를 일./옛 기억 하나 떠올리면 벌써 서산에는/불타는 태양, 그림 같은 형상(形像)이다.(옛 기억)" 또한 아득해 비장감마저 묻어날 것이다.

이처럼 오랜 날 이종경 시인이 바람 끊긴 적막한 시간대에 밤잠을 설치면서 고뇌 끝에 묶어낸 첫 시집의 주제 시편인 「제3부. 고래등 기와집」의 키워드는 각별한 관심사(關心事)의 맞물림이다.

오동나무 잎 비바람에 흔들릴 때처럼/음조(音調)도 가늠하는 고래등 기와집이다.//

밟아도 다시 일어나는 두꺼비 껍질처럼/열두 시 정오 비켜서는 시계 초침에/불현듯 손님 또한 반긴다.//

비록 낙엽 지는 날 체형은 작아지고/허리는 휘청휘청 흔들릴지라도/늙은 스님이 남기고 간 발자국 여운(餘韻)/가끔 바람도 일지 않은 초원의 고요다.//

너무 적조(寂照)해 고요가 고요 집어삼켜/흔들리다 서서히 머리끝이 반응한다.//

목어(木魚) 소리에도 세상 이치 알 것 같아/비록 우주 가득히 고요로 넘쳐나고/고래등 기와집 앞마당은 나눔과 배려의/신화 같은 전설이 출렁출렁 넘쳐난다.//

- 「고래등 기와집」 전문

위에 인용한 시편 「고래등 기와집」을 통해 쉽사리 확인될 것이나 비정한 후기산업화 사회에 처한 타자 간의 깊은 영혼의 상처를 치유(治癒)하고 일상의 감동을 회복시켜주기 위하여 삶의 공간에서 더불어 숨 쉬며 오랜 날의 침묵을 깨고 묶어낸 시집 『고래등 기와집』은 거부감 없이 신선한 감동을 안겨주기에 부족함이 없다. 바로 그 같은 시적 동기는 마치 '밀리고 떠밀려 물가에서 쫓겨난 자잘하고 가녀린 풀꽃 같은 목숨'처럼 그 어느 시간대보다 순수함이 변질되고 무너져 내린 현상에서 이처럼 '풀꽃 향 피워낼 지조 있는 삶을 살아가리라.'라는 신념은 못내 각별하다.

그 같은 일면에서 그 자신이 '대웅전의 청아한 목어(木魚) 소리 들으면 한순간 꿈결인 듯 평상심을 회복한다.'라는 그 같은 정황에서 "큰 스님 만나 보살행 넌지시 일깨우며/무겁게 덜어낼 마음의 짐 풀어/몽땅 보시하자 일체유심조(一切唯心造)다.(화진포 둘레길)"를 통해 불교적인 설법에도 평소 해박한 그 자신의 실상(實像)도 놀랍거니와 마치 수행자의

선문답 같은 그 자신의 시적 모티프에 맞물린 '마른 가슴에 그 누가 마른 꽃잎에 이슬 한 방울 또르르 굴려 놓았을까? 정말 모를 일이다.'에서 한층 더 깊고 다양한 시적 의미망이 "굳이 동종선근설(同種善根說) 아니어도/인연(因緣)의 매듭인 나와 너,/슬픈 전설의 '며느리밥풀꽃' 아니어도/ '몰래 꽃'은 사연 있는 매혹(魅惑)이다.(몰래 꽃)"로 놀랍게도 확장됨은 또 하나의 신선한 충동이다.

모름지기 그 자신은 자존감을 지닌 진정한 정신작업의 종사자로서 변화발전의 지평을 열어놓고 불투명한 미래도 가슴에 와닿는 행복감으로 충족시켜 빛나게 할 삶의 교시를 수시로 일깨워가는 실체다. 또 한편 아득한 유년 시절의 추억은 누구에게나 하나의 그리움일 것이나 때로는 악몽(惡夢)처럼 '그렇게 가을 운동회 연습하는 날은 어린 우리는 온몸과 마음 멍들고, 선생님 회초리 무서워 말도 더듬었다.'라는 그 자신의 기억은 끝내 "60년대 가을 운동회 기억을 회상하면,/선생님의 음성과 회초리가 무서웠던 탓에/지금도 가끔 호루라기 소리만 들려도/겁많은 친구들은 전율감(戰慄感)이다.(回想)"의 일면처럼 마음의 깊은 상처(Trauma)는 결코 지나칠 수 없는 안타까움이 아직도 주어질 따름이다.

특히 여기서 이 지상의 위대한 이름 '어머니'를 떠올리지 않더라도 깊은 사변성(思辨性)을 시적 이미지로 형상화한 그 자신의 시편 「외할머니의 정수리」또한 자녀를 위한 지극히 희생적인 진면목(眞面目)에 짐짓 비장감이 묻어날 것이나 '바수 가리 볏단에 고구마 순(筍) 짊어지고 외할아버지 굽은 허리 펴지지 않는다.'라는 그 유년의 기억 흔적의 맞물림이랄까? "월동 준비 중인 외할아버지 등가죽/흘려보낸 세월의 연륜(年輪)만큼이나/선산의 아카시아도 잘라서 지게에 지고/아궁이 불 지피니 아랫목 따뜻한 겨울밤이다.(외할아버지 지게)"에서 그 정황과는 대조적으로 담백한 시격(詩格)으로 응축한 또 다른 양상은 합리적 해법으로 풀어야 할 중차대한 과제다. 까닭에 새로운 시의 골격을 확정 짓기 위해 쌓기와 허물기를 반복하는 그 자신의 시적 접근과 소재의 선택은 영국의 화가이 자 시인인 블레이크(William Blake)식 발상으로 신비성이 적절하게 배치되어 있음도 유념하고 묵언으로 관조(觀照)할 바다. 이처럼 '문학적 유산을 소홀히 하는 국민은 야만해지고 문학을 낳지 못하는 국민은 사상과 감성의 활동을 낳지 못하는 국민이다.'라는 엘리엇(T.S.Eliot)의 교시적 일깨움에 견주어 한 편의 시가 상상과 감정을 통한 생명의 재해석임은 재론할 필요가 없다.

까닭에 사람(人間)은 가치 있는 삶을 위해 사유의 깊이를 더하되 절박한 삶의 현상 앞에서도 밤에 입은 잠옷이 한순간 수의가 되는 가능성도 부정할 수 없는 존재인 까닭에 가치와 의미 있는 삶을 위해 그 자신을 물음 앞에 겸허히 놓아보며 삶의 본질적인 물음 앞에서 치열한 언어의식을 지닌 그 자신의 새로운 도전과 시적 작위는 때로는 측은지심(惻隱之心)이다. 특히 그 자신이 평생을 한국농어촌공사에 몸담았고, 지금도 작은 텃밭을 보살피고 있기에 영국의 낭만 시인 윌리엄 워즈워스(William Wordsworth)처럼 지극히 자연 친화적인 시적 경향은 한층 더 따뜻한 정감(情感)을 자극하기에 그 생명감은 눈부심이다.

❷ 일상의 차별화와 즉물적 양상(樣相)

차제에 미국의 대법관을 역임한 프랭크 퍼터(Frank furter)의 "대학의 교수들은 젊은이들에게 밝은 미래의 꿈과 이상을 심어주어야 한다."라는 지적도 그렇지만, 최소한 깊은 영혼의 상처로 고통을 겪는 이들에게 감동을 회복시켜 치유의 인자(因子)로서 그 역할을 담당할 정신작업의 종사자라면 시대적 소임을 엄격히 담당해야 한다. 비록 절망의 끝이 보이지 않는 암울한 현상일지라도 예리한 붓의 칼날로 섬세하게 사물과 사유(思惟)를 토막 내고 자르고 확대해서, 깊은 상처로 고통받는 영혼을 모성의 기도와 자장가로 일깨워주어야 할 것이다.

특히 그 자신 시편에서 확인되듯 순수서정성으로 미적 주권을 확고히 다진 그만의 독특한 '느낌, 체취, 색깔'은 따뜻하고 알맞은 정신기후를 조성하려는 그의 담백한 시격(詩格)이다. 까닭에 '인간의 영혼은 신으로부터 나와 신으로 회귀하는 반사상(反射像)이기'에 의문을 제기치 않더라도 무엇보다 자명한 것은, 자비한 신의 나라에도 '씨앗을 팔지 열매를 팔지 않기에' 진실로 처연하고 일관성에 의한 존재의 꽃처럼 피조물인 인간은, 점진적으로 '영적 상승을 통해 동물적 상태에서 이성적 상태로, 그리고 이성적 상태에서 영적인 상태로 이동할 수 있는 의식의 소유자'이다. 그렇다. '낙엽은 뿌리로 돌아가듯' 그 자신의 시적 토양은 「낙엽에 부친 편지」의 보기처럼 '바람길이 생겨' 끝내는 생명감(生命感)이다.

낙엽 쌓이는 길목에도/바람길이 생겨나고./낙엽 밟고 가는 길/짐짓 그 걸음마다/빨간 외투 걸친 처녀 낙엽길이다.//

낙엽으로 써 놓은 글씨/서서히 그리움은 홍조(紅潮)로 물들어가고./비바람이 스치고 사라지고/낙엽이 쌓이고 사라지고/모퉁이에 고즈넉한 빨간 우체통.//

- 「낙엽에 부친 편지」 전문

어디까지나 그 자신은 누구보다도 오랜 날의 공직생활을 통해 '숲은 자연이 현상학에서 빚어져 형성된 품격의 본질임'을 역설하고 몸소 몸담아 왔기에 "늘 푸른 숲의 청량(淸凉)한 여울 몫이다./마음 평안하게 하면 맑은 기운에/몸과 마음은 수행자(修行者)의 일상이다.(늘 푸른 인간)"라는 그 일면은 단순한 자기변명이 결코 아니다. 또 한편 그 자신이 진정한 삶의 비법을 '거미도, 개미도 아닌 꿀벌 같은 보람찬 인생을 살아야 함'을 경계하면서 "비록 잡초일지라도 서로에게 자연이 되고/푸른 잔디의 끝없는 운집(雲集) 속에서/서로에게 힘이 되는 끈질긴 생명이다.(풀과 사람)"라며 이처럼 아름다운 삶의 지혜로 다독여주는 지극선의 행위는 감사(感謝)할 점이다. 차제에 그 자신이 자존감을 지닌 진정한 정신작업의 종사자로서 변화의 지평을 열어 우리네의 불안한 삶도 새로운 행복감으로 충족시켜 빛나게 할 시적 매혹과 친숙함은 가슴에 와닿는 진정한 삶의 잠언임에 묵언으로 응시(凝視)하며 관망할 바다.

  가랑비 오는 소리에도/뒷굼치 촉촉이 젖고/또 가랑비 가는 소리에/구두 밑이 젖는다.//
  차창에 가랑비 부딪치는 소리/감기는 두 눈을 비비면/가랑비에 살포시 젖은 가슴/입김 몰아 바람으로 날려 보낸다.//
  가랑비 오는 오전에 가랑잎 깔려/오후 길에는 가랑비 사이로/자유로이 비상하는 비둘기 두 쌍.//

-「가랑 잎새 젖는 소리」 전문

각론하고 그 자신이 '로프 체험(體驗)의 젊은 몸체임'을 합리적 해법으로 풀어 보이며 "머리 위 외줄 로프 타기/체험 스릴 만점, 외줄 타기 로프 체험은/유격대의 짜릿한 스타일의 스릴이다.(竹島峰 파도)"라며 '남항진의 앞바다가 묵언의 관망(觀望) 뒤 피식 웃고 있다.'라며 의태어를 시적 기법(craft)으로 활용한 발상의 전환은 신선한 삶의 충동임에 틀림이 없다. 그렇다. 그 자신이 극명하게 이 땅의 충직한 독자들에게 역설하는 삶의 일깨움에 앞서 위대한 인류의 정신적 스승인 헤르만 헤세(Hermann Hesse)가 "단지 하늘에 떠가는 구름뿐이라고 하여도 우리가 살아 존재하는 한 기뻐해야 한다."라는 역설처럼 감동을 회복시켜주는 충만한 생명감이다.

결론적으로 현대시의 담론이나 특이성은 시적 관심이 심층적인 경향보다 시의 표층으로 전이되는 것이 흐름의 양상인 까닭에 시인의 시적 좌표설정은 실험적으로 육화해야 살아남기에 긴장의 끈은 결단코 늦추지 말아야 한다. 또 한편 현재 상황에서 그 자신의 객관적이되 차별성을 지닌 시적 행위 또한 치열성으로 인하여 갈등 구도와 얼어버린 눈물마저 따뜻한 정신기후로 녹여내는 생명 경외의 주의집중이 더없이 요청될 따름이다. 모쪼록 날(刃) 푸른 붓끝으로 '지난(至難)한 몸의 시학을 불멸의 시혼'으로 변형시키되 '사물의 본질을 정확하게 분할·통합하는 창조적 영혼'이라는 시대적 소임의 엄숙한 수행을 기대하며 누구보다 첫 시집 간행을 거듭 축하드린다.

MEMO

MEMO

MEMO

MEMO